Haushalt organisieren leicht gemacht

Wie Sie Ihren Haushalt immer im Griff haben, wie von selbst Ordnung halten und mehr Zeit für sich selber haben - inkl. der besten Praxistipps

Anna-Maria Schulte

INHALT

Einführung – Das erwartet Sie in diesem Buch

Kleidung liegt verstreut in Ihrem Zuhause herum? Keine Sache ist an Ort und Stelle? Sie finden nichts wieder? Kommt Ihnen dies bekannt vor? Dann geht es Ihnen genauso wie vielen anderen Menschen. Der Haushalt ist unorganisiert und das Chaos hat schon seit Langem die Überhand gewonnen. Der Elan, dies in Angriff zu nehmen, wird von Tag zu Tag geringer. Wahrscheinlich sehen Sie momentan noch das große Ganze – eine vermeintlich zu große Aufgabe, von der Sie meinen, sie nicht bewältigen zu können.

Aber das stimmt so nicht. Mit den Tipps und Tricks aus diesem Ratgeber werden Sie schnell wieder auf die Beine kommen und das Chaos ein für alle Mal besiegen. Ich werde Ihnen sowohl Gründe für fehlende Organisation als auch Tipps, Tricks und Kniffe für ein ordentliches und organisiertes Leben geben – das dann hoffentlich auch langfristig anhält.

Sie brauchen sich allerdings keine Gedanken zu machen, allein mit diesem Problem zu sein, denn in vielen Haushalten sieht es ähnlich aus. Egal, ob Paare, Singles oder Familien – oft fühlt es sich wie eine sehr große, unzumutbare Aufgabe an, erst einmal Ordnung in das Chaos zu bringen, den Haushalt auf lange Sicht organisierter zu gestalten und dies auch beizubehalten. In diesem Ratgeber finden Sie neben kurzen Erläuterungen, woher genau Unordnung, sowohl im Haushalt als auch im Kopf, kommt, auch praxisbezogene Tipps, die Sie sofort umsetzen können – damit Ausreden á la „Das mache ich dann wohl morgen" für immer der Vergangenheit angehören.

Wichtig ist allerdings, dass Sie sich auf diese Worte und Lösungsvorschläge einlassen. Ohne den nötigen Willen und Elan können Sie noch so viele Ratgeber und Bücher lesen, ohne dass dies was bringt. Machen Sie Ihren Kopf frei und lesen Sie aufmerksam diesen Ratgeber und setzen Sie, vielleicht schon heute, ein paar Tricks um – damit auch Sie bald Ihren Haushalt allein sehr gut organisieren können und damit auch Sie endlich wieder Herr Ihres Haushaltes werden.

Die größten Fehler – Aus welchen Gründen entsteht Unordnung?

Auch wenn es auf den ersten Blick nicht so erscheint, aber Unordnung hat viele verschiedene Gründe, derer man sich annehmen muss, um am Ende des Tages langfristig den Haushalt organisieren und dies auch langfristig so halten zu können. In diesem Abschnitt werde ich Ihnen mehrere Gründe nennen und erläutern, die häufig zur Unordnung führen können. Vielleicht kommen Ihnen manche Gründe davon bereits bekannt vor oder Sie entdecken neue Anregungen, wieso bei Ihnen die Unordnung herrscht. Lesen Sie sich auf jeden Fall diesen Abschnitt genau durch und öffnen Sie sich dafür, sich Ihre Fehler selbst einzugestehen. Nur durch ein Geständnis Ihrerseits können Sie sich verbessern. Dies ist völlig okay und überhaupt nicht schlimm, denn Sie sind nicht allein.

Aber woher genau kommt Unordnung? Sie entsteht aus vielen Dingen, die sich oft zusammensetzen und ein großes Ganzes formen. Sie kennen es sicher: Zunächst hat man ein Problem, dessen man sich nicht annimmt oder es auf die lange Bank schiebt. Schnell gesellen sich weitere Probleme hinzu und ehe man sich versieht, steht man vor einer vermeintlich unlösbaren Aufgabe. Oftmals als Erstes entsteht Unordnung durch Dinge, die man benutzt und nach Benutzung nicht direkt an ihren Ursprungsort zurücklegt, sondern irgendwo im Haus herumliegen lässt. Dies sind meist kleine, kaum wahrnehmbare Stapel oder Dinge, die man, weshalb auch immer, einfach nicht zurücklegt. Dazu gesellen sich gern Stapel von Zeitungen, Briefen oder Zeitschriften, die beiseitegelegt und nie wieder angeguckt werden, aber gleichzeitig auch nicht in die Papiertonne wandern. So etwas nimmt oftmals sehr viel Zeit in Anspruch, da man häufig nicht genau weiß, wohin man die Sachen legen soll. Diese Dinge haben einfach keinen Platz und liegen nur im Weg herum. Auch zu viele Konsumgüter bringen sehr viel Arbeit mit sich, denn man kauft und kauft, was einem gefällt, und ehe man sich versieht, ist die Wohnung voll und man hat keinen Platz mehr.

Manchmal kauft man einfach drauf los, ohne sich zu fragen, ob man die Sache überhaupt braucht und wo man Platz für sie findet. So liegen die neu gekauften Stücke irgendwo herum, nehmen Platz ein und sorgen gern für Unordnung, weil sie keinen festen Platz haben. Zuletzt gibt es noch eine weitere Entstehung von Unordnung, derer viele, vielleicht auch Sie, sich nicht auf Anhieb bewusst sind: das Chaos und die Unordnung im Kopf. Ist der Kopf voll, bekommt man Stress, vergisst wichtige Dinge und die eigene Wahrnehmung nimmt ab, sie wird blockiert. Des Weiteren führt ein ungeordneter Kopf zu Versagensängsten und einer gewissen Entscheidungsunfähigkeit, weil man so viel um die Ohren hat, dass man kaum noch hinterherkommt. Je mehr Chaos und Unordnung im Kopf herrschen und je weniger man sich von Konsumgütern trennen kann, desto weniger entscheidungsfreudig und desto unglücklicher ist man. Ergibt Sinn, oder?

Sie kennen sicher die typischen Ausreden, wie zum Beispiel: „Ich habe gerade keine Zeit dafür", „Ich bin von Natur aus unordentlich", oder „Das mache ich morgen/später". Wahrscheinlich hat fast jeder so eine Ausrede schon einmal zu sich selbst oder zu jemand anderem gesagt. Solches Gerede bringt weder einem selbst etwas, noch trägt es zur Lösung des Problems bei. Im Gegenteil: Die Unordnung wird nur noch größer, genau, weil man sich ihrer nicht annimmt, sondern lediglich prokrastiniert. So wird Kleidungsstück auf Kleidungsstück geworfen, mehr Sachen sammeln sich dort an, wo sie nicht hingehören, und so weiter. Schlussendlich wird das Problem so groß, dass Sie es erst gar nicht bewältigen wollen. Damit befinden Sie sich in einem Teufelskreis, aus dem Sie nicht so schnell wieder herauskommen. Denn: Sie prokrastinieren, weil es zu viel Arbeit ist, wodurch automatisch mehr Arbeit auf Sie zukommt. Das Gute hierbei ist zumindest, dass Sie Organisation und Ordnung erlernen können.

Des Weiteren steht beim Aufräumen und Ordnung-Schaffen oft die Angst vor Kreativitätsverlust und davor, nicht schlau genug zu wirken, im Raum. Oft hört man den Satz „Chaotische Menschen sind kreativer und intelligenter". Weitestgehend kann man allerdings diesen Satz widerlegen. Merken Sie sich: Intelligenz und Kreativität sind Eigenschaften, die man entweder hat oder nicht hat. Natürlich kann man ein gewisses Maß an Intelligenz oder Kreativität erlernen, aber ein sehr dummer Mensch wir nicht auf einmal schlauer als Einstein werden und eine sehr theoretische Person wird nicht von heute auf morgen plötzlich schönere Bilder malen als Picasso.

Daher werden Menschen, die kreativ und intelligent sind, nicht von einem Tag auf den anderen diese Fähigkeiten und Eigenschaften verlieren beziehungsweise verlernen. Besonders nicht, indem sie ihr Zuhause aufräumen und organisieren. Genauso wenig werden Sie durch Ordnung und Organisation in Ihrem Haushalt in Ihrer eigenen freien Entfaltung eingeschränkt werden. Sie bestimmen selbst, wie Organisation sich für Sie am besten anfühlt. Sie können und werden sich weiterhin frei und selbstbestimmt entfalten können.

Um dies zu veranschaulichen, hier ein Beispiel: Ihre Freundin oder Ihr Freund stellt sich gern Dekorationselemente in der Farbe Rosa, welche Sie nicht mögen, in die Wohnung. Werden Sie deshalb genau dieselbe Dekoration in Ihr Zuhause stellen oder entfalten Sie sich lieber selbst und stellen, beispielsweise, Dekoration in Ihrer Lieblingsfarbe in Ihre Wohnung? Genau dort möchte ich weiter mit Ihnen ansetzen. Die Gedankengänge „Was werden Besucher, die mein Zuhause sehen, nur von mir denken?", und „Ich möchte bloß meinen Ruf behalten und nicht spießig oder zwanghaft herüberkommen", können Sie auch direkt aus Ihrem Kopf herausstreichen.

Allein Sie entscheiden, wie Sie sich in Ihrem Zuhause am wohlsten fühlen. Niemand anders kann und darf das für Sie entscheiden. Von daher dürfen Sie sich auch niemals von jemand anderem als Ihnen selbst vorschreiben lassen, wie genau Ihr Zuhause aussehen soll. Folgendes sollten Sie immer im Hinterkopf haben: Sie allein sind Herr

Ihrer selbst. Nur Sie behalten die Kontrolle über Ihr eigenes Zuhause, wie auch immer dieses aussehen mag. Solange Sie sich wohlfühlen, ist es richtig. Nur Sie allein können Ihr eigenes Potenzial ausschöpfen, niemand anders wird dies für Sie übernehmen.

Warum sollten Sie mehr Organisation in Ihren Haushalt und Ihr Leben bringen?

Nun habe ich Ihnen mehrere Gründe und Entstehungen von Unordnung vorgestellt und erläutert. Dies ist schön und gut, aber um auch die letzte Person zu erreichen, stellt sich nun noch eine Frage: Warum sollten Sie Ihren Haushalt besser organisieren? Was sind gute Gründe, die Unordnung in Ihrem Zuhause zu beseitigen? Um Ihnen diese Fragestellungen näherzubringen, werde ich im Folgenden verschiedene Gründe und Motivationen vorstellen, wieso Organisation so wichtig und am Ende des Tages auch unerlässlich ist.

Zunächst gibt es einen Grund, der wahrscheinlich schon auf der Hand liegt: Sie haben mit weniger Unordnung mehr Zeit. Zeit ist mit Abstand das wertvollste Gut, das Sie besitzen können. Zeit schafft Erinnerungen und Erinnerungen kann man so schnell nicht verlieren. Zeit kann man aber auch nicht zurückdrehen. Das bedeutet, dass, wenn Sie jetzt Ihre Zeit mit unnötigen Dingen, die Sie auch effizienter erledigen könnten, vergeuden, kommt diese nie wieder zurück. Gerade in Hinsicht auf Familie, wie zum Beispiel Ihre Eltern, Ihren Partner und Ihre Kinder, ist es wichtig, diesen Menschen Ihre Zeit zu schenken.

Irgendwann kann es zu spät sein und genau dann wünschen Sie sich die Zeit von damals zurück. Wenn Sie nicht immer wieder große Putzaktionen starten, Sachen suchen oder Platz schaffen müssen, bleibt am Ende des Tages viel mehr Platz und Zeit für Familie, Freunde und Hobbys übrig. Allein das ist ein sehr erstrebenswertes Ziel, oder? Sehr eng damit verknüpft ist, dass, wenn Sie einmal putzen beziehungsweise aufräumen müssen, der Akt an sich lange nicht mehr so viel Zeit in Anspruch nimmt, als wenn Ihr Zuhause immer unordentlich ist. Demnach vergeuden Sie Ihre Zeit nicht mehr mit, in dem Sinne, unnötigem Aufräumen, sondern können freier und glücklicher Ihr Leben genießen.

Glücklich sein – das ist der nächste Punkt. Mit anderen Worten: Glücklicher ist, meist und allgemein beschrieben, die Person, die organisierter lebt. Organisation erspart einem nämlich Zeit, Stress und sehr viel mehr. In vielerlei Hinsicht beziehe ich mich hierbei auf Glück, denn Gesundheit, Beziehungen, Geld und weniger Stress durch zum Beispiel Suchen von Dingen machen einen Menschen nachweislich glücklicher. Nachfolgend werde ich diese vier Elemente näher erläutern.

Gesundheit. Dieser Faktor ist sehr wichtig, wenn nicht sogar der wichtigste von allen. Ihre Gesundheit steht nämlich über allem anderen. Nachweislich macht Unordnung krank. Wer unordentlich lebt, geht Gefahr, seine physische und psychische Gesundheit aufs Spiel zu setzen. Unordentlichkeit setzt Stress frei und kann unter Umständen zu psychischen Schäden, wie zum Beispiel Depressionen, führen. Versetzen Sie sich in die Lage einer Person, die in großem Chaos lebt. Nichts ist an Ort und Stelle, Konsumgüter nehmen überhand und Essensverpackungen liegen überall herum. Kann man so auf Dauer glücklich werden? Eher nicht.

Die Güter und Waren rücken immer näher, man kommt nicht mehr mit dem Aufräumen oder zumindest dem Gedanken daran hinterher, bei jedem Schritt muss man darauf achten, in nichts hineinzutreten, und schlussendlich findet man sich in einer Spirale des Selbstmitleides wieder. Um dies zu vermeiden, helfen Organisation und Ordnung. Durch Organisation und Ordnung wird auch Ihr Kopf freier, klarer und vor allem glücklicher.

Beziehungen. Auch Beziehungen können unter fehlender Organisation leiden. Partner oder Freunde können sich schnell unwohl in Ihrem ungeordneten Zuhause fühlen. Versetzen Sie sich am besten in deren Lage – Sie besuchen jemanden und stolpern in ein ungeordnetes Zuhause, wo überall Sachen herumliegen, und man merkt, dass dort kaum bis gar nicht aufgeräumt wird. Würden Sie sich dort wohlfühlen oder lieber möglichst schnell wieder zu sich nach Hause gehen wollen?

Geld. Dieses Element wird oft erst in zweiter Linie bemerkt, ist aber dennoch ein großer Faktor, der Organisation lohnenswert macht. Wenn Sie Ihren Haushalt mit weniger Konsumgütern füllen, sparen Sie automatisch Geld. Aber auch in anderen Bereichen, wie zum Beispiel beim Kauf von Lebensmitteln, Kleidung oder Putzmitteln, hilft ein organisierter Haushalt sehr. So sehen Sie fast schon direkt und ohne großartig überlegen zu müssen, was genau Sie benötigen und was Sie erst einmal noch nicht so schnell brauchen. Dadurch lassen sich spontane und unnötige Käufe vermeiden und Sie sparen automatisch viel Geld, welches Sie sonst ausgegeben hätten.

Weniger Stress. Wenn Sie Ihren Haushalt immer organisiert und ordentlich halten, vermeiden für Sie sich selbst sehr viel Stress. Dies geschieht dadurch, dass Sie immer wissen, was sich wo befindet und nicht lange nach einer Sache suchen müssen. Sie bekommen dadurch, auf Dauer gesehen, sehr viel wichtige Lebenszeit zurück, durch welches Geschenk Sie automatisch befreiter und glücklicher werden. Sind Sie zum Beispiel einmal spät dran und suchen Ihren Schal, wissen Sie in einem organisierten Zuhause sofort, wo sich dieser befindet. In einem unordentlichen Zuhause hingegen müssen Sie erst einmal suchen. Die Wahrscheinlichkeit, dass sich der Schal dort befindet, wo er eigentlich hingehört, ist sehr gering.

Die innere und äußere Ordnung

Was genau sagt Unordnung über Sie aus? Zunächst einmal unterscheiden wir zwischen zwei verschiedenen Arten von Ordnung: der inneren und der äußeren Ordnung.

In der äußeren Ordnung kümmern Sie sich um Ihre Umgebung – Ihre Wohnung oder Ihr Haus, Ihre Beziehungen zu Familie, Freunden oder Bekannten, Ihr Geld und Ihre Arbeit etc. Hierbei achten Sie darauf, wie ordentlich und organisiert Sie Ihre Umgebung halten, also, wie gepflegt Ihr Büro oder Ihr Haus aussieht. Im Gegensatz dazu steht die innere Ordnung. Sie beschreibt, wie organisiert Sie in Ihrem Kopf sind und ob Ihre Psyche und Ihr Geist gesund sind oder nicht. Diese beiden Arten von Ordnung gehen immer zusammen einher. Stellen Sie es sich wie Yin und Yang vor – immer im Einklang zueinander. Sie stärken sich gegenseitig, aber können sich genauso gut gegenseitig schwächen. Befindet sich ein Part nicht mehr im Gleichgewicht zum anderen, bricht das Konstrukt zusammen. Dafür reicht schon ein relativ kleiner, aber bedeutender Anstoß, der schlussendlich das Fass zum Rollen bringt.

„Jeder, der zum Putzen und Aufräumen bereit ist, wird das Glück der Veränderung erfahren." – Dies ist ein ziemlich guter Spruch aus dem Zen-Buddhismus, der beschreibt, dass eine äußere Ordnung immer mit einer inneren Ordnung einhergeht und andersherum. Man schafft sich selbst aus eigenem Antrieb Ordnung und Organisation, sowohl im Haushalt und im Alltag als auch im Kopf und im Herzen. Geht man die eine Sache an und ändert diese zum Guten oder Schlechten, zieht die andere Sache automatisch nach. Mit anderen Worten: Wenn Sie zum Beispiel Ihren Haushalt sauber und im Griff halten, wird Ihr Kopf automatisch freier und Sie fühlen sich wohler.

Im Zen-Buddhismus ist das eigene Zuhause heilig. Jedes Mal, wenn Sie das Haus verlassen, egal, ob zur Arbeit oder zum Einkaufen, werden Sie sich, mit hoher Wahrscheinlichkeit, in irgendeiner Art und Weise aufregen oder ärgern. Kommen Sie dann in ein unordentliches Zuhause zurück, nimmt diese innerliche Anspannung nicht ab, sondern bleibt auf einem gleichen Level oder nimmt sogar zu. Dies müssen Sie nicht einmal selbst bewusst merken, denn dieser Vorgang kann häufig auch im Unterbewusstsein geschehen. Mit anderen Worten: Die Erholung, die für Sie in einem Zuhause wichtig ist, bekommen Sie nicht. In einem organisierten Haushalt hingegen können Sie nach einem stressigen Tag ankommen und herunter kommen.

Ist es organisiert und aufgeräumt, fühlen Sie sich unterbewusst wohler, regen sich nicht etwa über den seit Monaten herumliegenden Stapel an Briefen auf und entspannen leichter. Laut Zen-Buddhismus sollten Sie in der Lage sein, sich selbst in Ihrem Zuhause finden zu können.

Um wieder auf die Ausgangsfrage „Was genau sagt Unordnung über Sie aus?" zurückzukommen: Das Zuhause ist der Spiegel der eigenen Persönlichkeit. Es reflektiert, wie wir uns innerlich fühlen, indem wir so handeln, wie wir uns fühlen. Fühlen wir uns mies oder depressiv, sieht unsere Wohnung meist sehr unordentlich aus. Fühlen Sie sich hingegen frei und sind mit sich selbst im Reinen, glänzt auch das Zuhause. Mit anderen Worten – wer ein unordentliches Zuhause hat, ist auch im Kopf und in seiner Umgebung unordentlich. Wenn Sie immer unordentlich sind und sich genauso auch fühlen, bekommen Sie oft schlechtere Ergebnisse in Tests, haben häufig mehr Stress im Leben, sind in irgendeiner Art und Weise entscheidungsschwach und des Weiteren leisten häufig weniger, als würden Sie Ihren Haushalt organisiert gestalten.

Sie glauben oft, dass Sie Ihr Leben nicht im Griff haben. Dieser Gedanke macht nach einer gewissen Zeit krank und unglücklich. Wenn Sie sich sowohl innerlich als auch äußerlich immer wieder sagen, wie wenig Sie Ihr Leben im Griff haben, haben Sie dies irgendwann verinnerlicht. Und das macht psychisch krank. Ihre Stimmung und Ihr

Selbstwertgefühl leiden stark darunter. Außerdem kann mit Gewissheit gesagt werden, dass Sie in einem Bereich Ihres Lebens stillstehen – sei es körperlich, seelisch oder emotional. Ein solcher Stillstand zeigt sich gern in Dingen, die wir noch nicht wegschmeißen möchten oder von denen wir uns noch nicht trennen können. Sie kennen sicherlich mindestens einen Gegenstand, den Sie nicht wegschmeißen möchten, obwohl dieser kaputt ist oder Sie ihn nicht benötigen. Aber dennoch können Sie sich von ihm nicht trennen, weil daran Erinnerungen hängen.

Zum Beispiel die Jacke, in die Sie nicht mehr hineinpassen, aber sie dennoch behalten, weil Sie sie im Urlaub gekauft haben. Oder die Vase, die schon an manchen Stellen kaputt ist und Risse bildet. Sie schmeißen sie nicht weg, weil sie Ihrer Mutter gehört, obwohl die Vase bereits kaputt ist und nicht mehr benutzt werden kann. Sie sehen, so gut wie jeder Mensch hat so eine oder mehrere Sachen. Aber wenn wir uns davon nicht trennen können, stehen wir in diesem Bereich des Lebens still. Die Jacke, die nicht passt, könnte bedeuten, dass Sie sich in Ihrem Körper nicht wohlfühlen und hoffen, eines Tages das Gewicht von damals,

als Sie die Jacke trugen, wieder zu erreichen. Die Vase könnte dafür stehen, dass Sie sie nicht wegschmeißen, weil sie mal der Mutter gehörte, die Sie eventuell vermissen. Sie sehen, beides sind Themen, von denen Sie noch nicht loskommen können oder wollen.

Und gleichzeitig zeigt es, dass Sie noch nicht so richtig bereit sind, nach vorn zu schauen und diese Dinge hinter sich zu lassen. Dies ist an sich auch überhaupt nicht schlimm, aber es zieht Sie schon eher ein Stück nach hinten als nach vorn. Solange Sie nämlich nicht davon loslassen, wird es Sie immer begleiten und an Ihnen nagen. Zum Beispiel, wenn Sie entrümpeln wollen und die Vase finden. Jeder würde Sie wegschmeißen. Auch Sie würden sie sicher wegwerfen, wenn sie denn nicht von der Mutter wäre. Finden Sie einen Weg, loszulassen und diese mit den Dingen verknüpften Sachen nicht mit sich herumzuschleppen.

Auswirkung auf die menschliche Psyche

Wie sich Unordnung auf Ihre Umgebung auswirkt, haben wir nun besprochen. Allerdings, wie in vielen verschiedenen Bereichen, wirken sich die verschiedenen Umstände relativ schnell auch auf die Psyche aus. In diesem Abschnitt werde ich Ihnen kurz erläutern, wie die menschliche Psyche grob funktioniert, was es zu beachten gibt und was genau sie beeinflusst. Dieser Teil ist sehr wichtig, damit Sie nachhaltig etwas ändern können. Die Psyche ist nämlich ein extrem beeinflussbarer Faktor, um sich für oder gegen Dinge zu entscheiden. Jegliche Tipps und Erklärungen sind sinn- und zwecklos, wenn sie auf Granit stoßen – mit anderen Worten: Sie selbst müssen es wollen und eigenständig daran arbeiten, Ihr Ziel zu erreichen.

Hier ein Beispiel: Wenn eine Person abnehmen möchte und sich, anstatt Sport zu machen und sich gesünder zu ernähren, lediglich Videos von Work-outs ansieht, wird diese Person kein Stück weiter an ihr Ziel gelangen. Nur, wenn Sie wirklich bereit sind, Ihr Problem aktiv anzugehen, wird es besser werden. Sie werden sich manche Sachen und Verhaltensweisen eingestehen müssen, auch wenn diese Ihnen nicht gefallen oder Sie sie verdrängen möchten. Aber es ist notwendig und wird Ihnen auch nachhaltig guttun.

Ein paar Auswirkungen, wie zum Beispiel Ausreden oder Ängste, habe ich bereits in Punkt eins angesprochen. In diesem Abschnitt gehe ich allerdings noch tiefer in das Thema der menschlichen

Psyche hinein. Die menschliche Psyche ist nämlich eine sehr komplexe Angelegenheit. Sie geht
tiefer, als wir uns vorstellen können. Hat man ein
bestimmtes Problem, kann ein Ereignis, das weit
zurückliegt und welches man anfangs gar nicht
mit dem eigentlichen Problem in Zusammenhang
gebracht hätte, der ausschlaggebende Auslöser für
dieses Problem sein. Ähnlich komplex ist auch unser Körper – zum Beispiel können Zahnschmerzen
durch einen eingeklemmten Nerv oder Muskel im
unteren Bereich des Rückens zustande kommen –
eine Ursache, auf die man im ersten Moment oder
auf den ersten Blick nicht so schnell kommt. Sie
sehen, unser Körper ist extrem komplex aufge-
baut, alles ist in verschiedenen Arten und Weisen
miteinander verbunden.

Sigmund Freud hat im 20. Jahrhundert, ge-
nauer gesagt 1923, ein psychologisches Modell der
drei Instanzen ES, ICH und ÜBER ICH erarbeitet.
Dies bedeutet, dass ein jeder Mensch, auch Sie,
über drei verschiedene Instanzen in Ihrem Gehirn
beziehungsweise in Ihrer Psyche verfügen, die Sie
als Menschen, so wie Sie sind, prägen. Demnach
stellt das ES die unterbewussten und unbewussten
wichtigsten Triebe des Menschen dar. Dazu

zählen der Trieb zur Fortpflanzung oder auch der Trieb zum Essen. Das ES stellt also die Grundbedürfnisse des Menschen dar, die wir bewusst nicht wahrnehmen, sondern die demnach rein natürliche Instinkte sind. Hierbei werden weder Konsequenzen noch die Moral hinzugezogen. Die nächste Instanz ist das ÜBER ICH. Diese ist fast genau das Gegenteil des ES, denn es spiegelt in gewissem Maße das eigene Gewissen wider und hat eine ideale Vorstellung des ICH.

Es wird von äußeren Faktoren, wie zum Beispiel gesellschaftlichen Regeln, Verboten, Werten oder Normen geprägt und handelt demnach. Zuletzt gibt es noch das ICH, welches eine Art Mitte zwischen dem ES und dem ÜBER ICH bildet. Es bildet Kompromisse zwischen den Trieben des ES und den Idealen und Vorstellungen des ÜBER ICH. Daraus können wir nun schließen, dass das ES oftmals die größte Hürde zu überwinden ausmacht. Denn, anders als beim ICH und ÜBER ICH, geschehen die Handlungen und Wünsche des ES unterbewusst – wir haben keinen Einfluss darauf und merken oft nicht einmal, dass das ES handelt. Dort müssen Sie ansetzen, um die Handlungen des ES besser kontrollieren zu können. Damit genau

Sie mehr Kontrolle über Ihre unterbewussten Handlungen haben.

Als Beispiel: Nach einem anstrengenden Tag gibt das ES Ihnen unterbewusst das Signal, dass Sie sich nun ausruhen und die Füße hochlegen sollen. Und genau das möchten wir nicht. Sie möchten die eigene Macht über Ihren Körper haben und selbst entscheiden, wann Sie die Füße hochlegen und wann Sie etwas Produktives tun.

Zunächst einmal müssen Sie selbst herausfinden, ob Sie beziehungsweise Ihre Psyche gesund und fit sind. Verschiedene und auch kleinste Lebensumstände, wie zum Beispiel der morgendliche Stress auf dem Weg zur Arbeit oder die fehlende Zeit für sich selbst, können dazu führen, dass Ihre mentale Gesundheit ins Negative gezogen wird, auch wenn Sie dies nicht sofort oder stark merken. Nicht immer werden Sie Ihre psychische Gesundheit schützen können, aber oftmals können Sie präventiv vorbeugen. So ist ein erster Schritt, dass Sie sich selbst achtsam gegenüber sind. Das bedeutet, dass Sie mehr nach Ihren eigenen Bedürfnissen handeln und diese nicht hintenan stellen sollen. Ihre Bedürfnisse sind sehr wichtig und sollten nicht in Vergessenheit geraten oder nach hinten geschoben, beziehungsweise hintenan gestellt werden. Des Weiteren ist es wichtig, wie Sie leben. Eine ausgewogene Ernährung, genügend Schlaf und ausreichend Bewegung fördern Ihre mentale Gesundheit. Daher sollten Sie darauf achten, diese Dinge zu befolgen. Im Alltag mit Arbeit, Haushalt und Familie ist es definitiv nicht leicht, dies alles unterzubekommen, aber machbar.

Wir Menschen priorisieren unterbewusst unsere Aufgaben nach Wichtigkeit – oftmals stehen daher Essen, Trinken und Schlafen, aber auch Lebensmittel einzukaufen oder die Kinder zum Sport zu fahren an erster Stelle. Daher richten Sie sich bestimmte feste Zeiten ein, an denen Sie sich einen Termin nur für sich selbst machen. Dort können Sie alles tun, was Sie momentan für Ihre mentale Gesundheit brauchen. Grob gesagt, was genau für Sie das Beste ist, beziehungsweise, was Ihnen im Moment am wohlsten tut – alles ist erlaubt, außer diesen Termin zu verschieben. Tun Sie sich selbst diesen Gefallen, Ihre mentale Gesundheit ist sehr wichtig. Am besten schalten Sie zu diesen Zeiten Ihr Handy aus oder legen es weit entfernt hin, sodass Sie nicht in Versuchung kommen, etwas regeln zu wollen.

Erinnern Sie sich daran: Die Welt wird sich in dieser Zeit auch ohne Ihr Einschreiten weiter drehen. Und auch Ihre Familie wird in dieser Zeit mal auf Sie verzichten können. Apropos Familie: Ziehen Sie Ihren Partner oder eine andere, Ihnen nahestehende Person mit ins Boot und erklären Sie dieser Person, dass Sie selbst ein wenig Zeit für sich und Ihre mentale Gesundheit brauchen. Wenn Sie wissen, dass genau diese Person in diesem Zeitraum für Sie auf verschiedene Dinge aufpasst, fällt Ihnen das Entspannen sehr viel leichter.

Falls Sie nun Lust auf Entspannung haben, aber nicht so genau wissen, was Sie machen können, liste ich Ihnen hier einmal ein paar Ideen und Anregungen auf: Sie können ein Buch oder eine Zeitschrift lesen, einen Mal- oder Töpferkurs besuchen, Musik oder einen Podcast hören, ein Schaumbad nehmen, sich professionell massieren oder eine Pedi- beziehungsweise Maniküre geben lassen, Sport treiben, mit einer Freundin einen Spa-Tag machen – egal, ob zu Hause oder in einem professionellen Studio, eine Sprache lernen, einen Kochkurs besuchen oder aber auch einfach in

Ihrem Bett liegen und gar nichts tun. Am Ende können allein Sie am besten wissen, was für Sie das Beste ist. Eine weitere Idee ist, sich sozial auszutauschen, ob dies nun mit Freunden zu treffen oder in einen Verein zu gehen beinhaltet – sozial zu interagieren, besonders in Zeiten von Corona, ist extrem wichtig und wertvoll für Ihren Geist.

In einem Verein knüpfen Sie sehr wahrscheinlich schon schnell neue Bekanntschaften und haben darüber hinaus auch einen regelmäßigen Termin, den Sie wahrnehmen. Dies gilt auch für Ehrenämter, wobei hier noch der Faktor hinzukommt, dass Sie aktiv helfen können. In beiden Fällen werden Sie Teil eines funktionierenden Teams sein, das Sie als Mitglied sehr zu schätzen weiß. Zwei weitere, weitverbreitete Methoden sind das Meditieren und auch das Yoga. Beides hilft Ihnen, zu entspannen und den Alltag für eine gewisse Zeit aus dem Kopf zu bekommen.

Yoga bedeutet, wortwörtlich übersetzt, Einheit und Harmonie. Im Yoga verbinden Sie Ihren Körper, Ihre Seele und Ihren Geist und während Sie sich, von außen gesehen, wie eine Brezel verbiegen, tut das oft sowohl dem Körper als auch dem Geist sehr gut und hilft Ihnen, sich zu entspannen und in Einklang und Harmonie mit Ihrem gesamten Körper zu kommen. Des Weiteren hilft Yoga auch dabei, dass Sie Ihren gesamten Körper von innen und außen kennenlernen. Sie werden verschiedene Techniken erlernen, wie Sie entspannen und Ihren Geist und Körper gleichzeitig stärken können.

Beim Meditieren hingegen müssen Sie sich nicht körperlich so stark wie beim Yoga bewegen. Das Meditieren kommt ursprünglich aus dem Buddhismus und hat sich seitdem in viele Teile der Welt verteilt. Hier sitzen Sie meistens in einer entspannten Haltung und konzentrieren sich auf Ihren Geist. Sie werden Techniken erlernen, wie Sie diesen gleichzeitig stärken und entspannen können. Dadurch, dass Sie sich beim Meditieren mit sich selbst und Ihrem Geist auseinandersetzen werden, trainieren Sie diesen zur Ruhe und Achtsamkeit. Sie ruhen in sich selbst. Dies kann man auch aus wissenschaftlicher Sicht bestätigen: Verschiedene Untersuchungen haben ergeben, dass, wenn Sie über lange Zeit hinaus regelmäßig meditieren, Sie Ihre Emotionen besser regulieren können, aufmerksamer werden und zugleich Stress sehr viel besser bewältigen können. Dies wäre also, wenn Sie oft Stress im Alltag haben, unter Wutausbrüchen leiden oder oft nicht richtig zuhören können, definitiv sinnvoll und eine gute Ergänzung zu Ihrem Alltag.

Es bedarf nur weniger Minuten pro Tag, wofür Sie bei stetiger Durchführung belohnt werden. Dies ist daher auch sehr wichtig, um Ihren Stress loslassen zu können. Aber auch allgemein gesehen hilft Ihnen Bewegung sehr gut dabei, sich zu entspannen. Hierbei kommt es nicht darauf an, ob Sie einen Leistungssport ausüben oder nur spazieren gehen – beides hilft dem Körper, herunterzukommen.

Ein weiterer psychischer Faktor, um sich bestmöglich entspannen zu können, ist, Ihre Arbeit und Freizeit strikt zu trennen. Wenn Sie zu Hause arbeiten, schaffen Sie sich einen extra Raum hierfür an und arbeiten Sie etwa nicht im Schlafzimmer. So werden Sie nämlich nicht weg von der Arbeit kommen, sondern gedanklich dabei bleiben.

Stress und dessen Auswirkungen auf unseren Körper

Stress ist ein enormer psychischer Faktor, der Ungleichgewicht in Ihren Körper und Ihren Geist hereinbringt. Er wird in „Eustress", der positive Stress, und in „Disstress", der negative Stress, eingeteilt. Im Folgenden beziehe ich mich nur auf die negative Art von Stress. Er wird durch Stressoren, also die Dinge, durch die Sie Stress erfahren, ausgelöst. Genau deshalb ist es so wichtig, dass Sie selbst Ihre persönlichen Stressoren aus Ihrem Leben verbannen oder sie zumindest enorm verkleinern.

Stress wirkt sich sowohl auf die Psyche als auch auf den Körper aus. Sie werden unaufmerksam und emotional und sind sehr anfällig für psychische Erkrankungen, wie zum Beispiel Burn-out oder Depressionen. Aber auch körperliche Beschwerden, wie zum Beispiel Rückenschmerzen oder Übelkeit, können Stress als Auslöser haben. Allerdings ist Stress nicht nur eine Antwort auf Überforderung, sondern zeigt sich auch, wenn Sie unterfordert sind, nicht wertgeschätzt werden oder extreme und anhaltende zwischenmenschliche Problem bestehen.

Wenn Sie unter chronischem Stress leiden, ist Ihr Körper in einer Art Alarmzustand. Es werden verschiedene Hormone, darunter auch Adrenalin, ausgeschüttet, die den Körper auf einen Kampf oder eine Flucht vorbereiten sollen. Dies ist eine natürliche Reaktion des Körpers auf Stress, aber im Dauerzustand lediglich schädlich. Dadurch, dass sich der Körper durch den Stress auf eine Gefahrensituation vorbereitet, spannen sich die Muskeln an und der Körper wird mit mehr Blut versorgt – der Blutdruck steigt. Dies sind nur einige der Reaktionen des Körpers auf eine Stresssituation. Ist diese Situation vorbei, beruhigt sich der Körper und fährt quasi wieder in eine Art Normalzustand. Geht der Stress allerdings nicht vorüber, sondern dauert langfristig an, lässt auch der Körper seine Reaktionen nicht abklingen. Dies laugt ziemlich aus. Dabei durchläuft der Körper drei Phasen.

In der ersten Phase reagiert er auf den Faktor Stress mit dem oben beschriebenen Alarmzustand. In der zweiten Phase, der Widerstandsphase, versucht der Körper, mit dem anhaltendem Stress zurechtzukommen. Hierbei wird man häufig krank, weil auch das Immunsystem geschwächt wird. In der dritten und letzten Phase kommt es zur schlussendlichen Erschöpfung. Der Körper kann sehr viel weniger leisten und es können sowohl psychische als auch physische chronische Krankheiten, wie zum Beispiel Magengeschwüre, auftreten.

Dadurch ist der Körper irgendwann chronisch erschöpft, was nur logisch ist. Wir müssen auch mal abschalten und nichts tun können, um unsere innere Batterie aufzuladen. Sie sind bei dauerhaftem Stress rund um die Uhr angespannt, kommen nicht zur Ruhe und können sich nicht gut konzentrieren. Des Weiteren ist die Wahrscheinlichkeit, einen Schlaganfall oder Herzinfarkt zu erleiden, deutlich höher als bei nicht dauerhaft gestressten Menschen. Der gesamte Körper reagiert irgendwann darauf – vom Gehirn über das Herz und die Lunge bis hin zu einem geschwächten Immunsystem, Diabetes und Depressionen. Der Stress ruft im ganzen Körper einen Alarm aus, weil die eigentlich kurze Dauer des Stresslevels anhält. So gesehen, lernt der Körper, immer und zu jeder Zeit in Alarmbereitschaft zu sein.

Und wenn es Ihrem Körper irgendwann zu viel wird, schaltet er ab – Sie werden krank. Diese Krankheit ist eine Schutzreaktion des Körpers und ein starkes Alarmsignal – Ihr Körper kann nicht mehr, er ist am Ende. Er hat keine Chance, aus der Alarmbereitschaft auszubrechen. Quasi wie ein Computer: Wenn dieser überlastet wird, erhitzt er. Reicht dies nicht mehr aus, macht es irgendwann „puff" und er geht kaputt. Hört sich das alles für Sie gesund an? Wohl kaum. Nicht umsonst denken Ärzte oftmals nach etlichen Untersuchungen, woher die Beschwerden kommen können, auch an Ihre Psyche und schicken Sie zu einem Psychiater oder Psychotherapeuten. Was vielen Menschen erst recht spät bewusst wird, ist, dass seelische und psychische Erkrankungen genauso ernst zu nehmen sind, wie zum Beispiel ein gebrochenes Bein oder Schmerzen im Rücken. Umso wichtiger ist es, Stress in einem gesunden Rahmen zu halten. Ein wenig Stress ist nämlich in Ordnung und kann von unserem Körper gut ausgeglichen werden. Es darf lediglich nicht ein zu großer Faktor in unserem Körper und in unserem Leben ausmachen.

Am Ende des Tages sind Sie selbst dafür verantwortlich, was mit Ihrem Körper und Ihrem Geist geschieht. Daher können und müssen Sie genau darauf Acht geben und versuchen, Stress möglichst zu vermeiden – sowohl im Beruf als auch zu Hause. Stress kann nämlich überall auf Sie zukommen. Stress können Sie, zum Beispiel durch Meditation, Sport, Yoga oder allgemein einem für Sie passenden Ausgleich verringern. Aber es ist auch keine Schande, wenn Sie im Beruf oder im Alltag ein wenig kürzertreten und, zum Beispiel anstatt 40 Stunden pro Woche, nur 30 Stunden arbeiten oder anstatt die Kinder jeden Tag zum

Sport zu fahren, Fahrgemeinschaften mit anderen Eltern bilden. Es ist eher das Gegenteil – Sie zeigen Stärke, indem Sie Ihr Problem erkennen und dem entgegenwirken. Aber auch, wenn Sie oder ein Angehöriger merken, dass der Stress beginnt, Sie innerlich kaputtzumachen, ist es ein wichtiger und richtiger Schritt, sich frühestmöglich professionelle Hilfe zu holen.

Sie müssen sich in diesem Moment des Problems bewusst werden, es akzeptieren und sich nicht zu fein dafür sein, zu sagen, dass Sie sich Hilfe holen. Genau aus diesem Grund gibt es Therapeuten und Psychiater – Menschen leiden an psychischen Beschwerden, die Sie selbst nicht mehr allein bewältigen können und suchen sich Hilfe von jemandem, der oder die davon professionelle Ahnung hat. Ihre Gesundheit ist wichtiger als Ihre Arbeit oder Ihr Ego.

Ist Ihr Stresslevel noch nicht so hoch, dass Sie professionelle Hilfe benötigen, sondern es noch allein schaffen, kann ich Ihnen ein paar Tipps zur Stressbewältigung und Entspannung mitgeben. Zunächst müssen Sie versuchen, den Auslöser Ihres Stresses zu finden und zu versuchen, den Überblick zu behalten. Falls Sie in eine Situation kommen, in der der Stress droht, die Oberhand zu gewinnen, atmen Sie tief ein und aus und versuchen Sie, zu entspannen. Dies kann zum Beispiel durch Yoga oder Meditation gut erreicht werden. Lassen Sie den Stressor nicht in Sie hinein, schicken Sie ihn aus Ihrem Kopf. Ansonsten ist es wichtig, dass Sie sich einen Ausgleich suchen, der Sie entspannt. Dies kann alles Mögliche sein.

Praxisnahe Tipps, Tricks und Kniffe

Nun habe ich Ihnen sehr viel über die Theorie von Organisation und Unordnung erzählt. In diesem Abschnitt widme ich mich mit Ihnen zusammen der Praxis. Wir wissen, wie und wieso Unordnung entsteht, wieso Ordnung so wichtig ist und was Unordnung mit Ihnen machen kann. Aber was können Sie gegen die ständige Unordnung tun? Bevor Ihnen angst und bange wird – keine Sorge, es wird nicht allzu schwer.

Bevor Sie richtig mit dem aktiven Aufräumen beginnen, gibt es ein paar Aufgaben und Tipps, wie Sie Ihre Psyche in diesem Bereich auf Vordermann bringen können. Dabei ist der erste Weg zum Ziel die Selbsterkennung: Sie müssen selbst einsehen, dass es so nicht weitergehen kann und dass es genau jetzt Zeit für eine positive Veränderung wird. Wichtig ist, dass Sie sich nicht herunterziehen lassen – der erste Schritt zur Besserung ist die Einsicht.

Wenn eine arbeitslose Person zum Arbeitsamt geht, ist dies auch nicht lachhaft, schwach oder schlimm, sondern genau das Gegenteil: Es ist eine starke und mutige Aktion. Haben Sie diesen Gedanken verinnerlicht, kann es weitergehen. Machen Sie sich selbst bewusst, dass Sie nicht wie andere Menschen sind. Sie sind einmalig und können daher gar nicht exakt wie andere Menschen handeln und funktionieren. Daher bringt es auch nichts, wenn Sie Vergleiche zu anderen Leuten ziehen. Sie sind Herr Ihrer selbst und organisieren Ihren Haushalt genauso, wie Sie am besten damit klarkommen. Es hilft weder Ihnen noch irgendjemand anderem, wenn Sie sich verstellen, nur um wie eine andere Person zu handeln, mit dessen

Methoden Sie eventuell nicht einmal zurechtkommen. Sie müssen wissen, dass es nicht immer einfach sein wird. Es werden Zeiten kommen, in denen Sie keine Lust oder Energie haben, die Organisation beizubehalten, sondern zum Beispiel lediglich auf dem Sofa sitzen und Fernsehen gucken möchten.

Wichtig ist es aber, am Ball zu bleiben. Auch wenn Sie überhaupt keine Lust dazu haben, ist es wichtig, weiterzumachen. Sonst, ehe Sie sich versehen, befinden Sie sich wieder in der altbekannten Spirale und müssen von vorn beginnen – möchten Sie das? Erinnern Sie sich in solchen Momenten immer daran, wie stolz Sie auf sich sein werden, wenn Sie wenigstens einen kleinen Teil geschafft haben. Jeder noch so kleine Schritt ist ein großer Schritt in Richtung Besserung. Beginnen Sie mit kleinen Aufgaben und arbeiten Sie sich weiter vor. Wie wäre es, wenn Sie ab jetzt jede Sache, die Sie von ihrem vorgesehenen Platz nehmen, um sie zu benutzen, nach Beendigung sofort wieder zurücklegen?

Die nächsten beiden Schritte werden für den einen oder anderen eventuell ein wenig schwer werden, denn wir leben in einer

Konsumgesellschaft. Das heißt, dass wir mehr kaufen, als wir benötigen. Wohin wir auch gehen, leuchten uns Werbereklamen und Schaufenster entgegen und wir werden dadurch verleitet, Dinge zu kaufen, die wir in Wahrheit gar nicht benötigen. Dies ist die manipulative Strategie der Werbenden. Sie setzen bestimmte Lichter und Farben ein, die unser Gehirn automatisch überzeugen sollen. Zum Beispiel werden in Restaurants gern die Farben Rot und Gelb genutzt, da diese den Appetit anregen.

In den Umkleiden von Modehäusern kommen gewisse Lichteinflüsse aus den Lampen, die uns weismachen wollen, dass wir in den Kleidungsstücken umwerfend gut aussehen und das Kleidungsstück daher unbedingt kaufen wollen. Zu Hause angekommen, sieht die Kleidung leider aber oftmals nicht mehr so gut aus wie in der Umkleide. Die Folge: Sie werfen es in die Ecke und es wird nicht mehr angezogen, sondern nimmt nur Platz weg. Auf Werbereklamen hingegen werden oftmals knackige Sprüche und Wortspiele, die uns im Gedächtnis bleiben sollen, aufgedruckt, damit wir uns an das Produkt erinnern und, wenn wir es in einem Laden wiederfinden, kaufen. Aber auch vermeintliche Angebote, wie zum Beispiel das berühmte „kaufen Sie zwei Stück und bekommen Sie das dritte Stück gratis dazu" triggern unser Gehirn, indem es denkt, man würde einen Schnapper machen, man bekommt schließlich das dritte Stück geschenkt. Aber wenn Sie von dem Produkt lediglich ein Stück benötigen, schmeißen Sie Ihr Geld quasi direkt aus dem Fenster. Daher müssen Sie unbedingt lernen, keine unnötigen Dinge mehr zu kaufen.

Sie müssen den Unterschied erkennen, was genau Sie benötigen beziehungsweise was für Sie essenziell ist und was nicht. Zum Beispiel ist eine neue Hose, nachdem die alte Hose gerissen ist, nötig und wichtig zu kaufen. Ein neuer Duschvorhang, der nur gekauft wird, weil er rosa und im Angebot ist, hingegen nicht. Dieser ist unnötig und würde nur Platz einnehmen. Viel Unordnung entsteht, weil Sie neue Dinge und Sachen kaufen, die keinen Platz in Ihrem Haus finden.

Dadurch liegen diese Sachen lediglich irgendwo herum, nehmen Platz ein und sorgen für Unordnung. Daher habe ich hier, besonders dafür einen wichtigen Tipp: Bevor Sie etwas kaufen, überlegen Sie sich genau, ob Sie diese Sache unbedingt benötigen und, falls ja, wo Sie diese Sache hintun werden. Falls Sie die Sache nicht unbedingt benötigen, sie aber dennoch besitzen möchten, zum Beispiel im Falle eines Kleidungsstückes für den überfüllten Kleiderschrank, suchen Sie eine Sache aus Ihrem vorhandenen Besitz aus und geben Sie diese weg. So können Sie sich neue Dinge, die Sie gerne haben möchten, leisten, ohne dass unnötige Unordnung entsteht. Dies ist ein Tipp, den Sie gern in der Zukunft anwenden können.

Die Unordnung im Hier und Jetzt ist allerdings schon im vollen Gange. Daher mein Tipp an Sie: Nehmen Sie sich Zeit und durchforsten Sie jeden einzelnen Raum in Ihrem Hause. Teilen Sie Dinge in die Kategorien „ist wichtig und wird benötigt", „ist unwichtig, möchte ich aber besitzen" und „kann weg" ein. Seien Sie dabei rigoros. Dinge, die Sie schon mehrere Jahre nicht einmal angefasst haben, werden Sie auch in den nächsten Jahren nicht benötigen. Und falls doch, findet man sicherlich eine geeignete Lösung, diese zu ersetzen, ohne sie erneut zu kaufen. Wenn Sie dies umsetzen, werden Sie schon schnell sehen, was Sie geschafft haben, und es wird sich gut anfühlen.

Daher: Legen Sie los und werfen Sie Ihren Ballast ab! Sie müssen nicht einmal den großen blauen Sack holen, alles reinwerfen und diesen dann der Müllabfuhr geben. Sie können sehr viele Dinge auch spenden oder verkaufen. Für beide Methoden gibt es verschiedene Plattformen, auf denen Sie sich erkundigen können. Natürlich erfordert das einen gewissen Aufwand, aber am Ende können Sie armen oder kranken Menschen etwas Gutes tun oder sich etwas Geld dazu verdienen.

Es gibt auch eine Regel, die Sie befolgen können und die Ihnen bestimmt weiterhilft, vorausgesetzt, Sie halten sich auch daran. Der Grundsatz besteht darin, dass Sie immer wieder alles, was zum Aufräumen nicht mehr als drei Minuten in Anspruch nimmt, sofort wegräumen. So bleiben Kleinigkeiten gar nicht erst liegen, sondern werden sofort erledigt. Stellen Sie sich vor, wie viel Zeit Sie dadurch sparen können, wenn Sie diesen Trick regelmäßig anwenden. Kleine Sachen bleiben so nicht liegen. Ein ähnliches Prinzip, was aber auch sehr wirkungsvoll, besonders für die kleinen und schnellen Dinge, die herumliegen, ist: Auf jedem Weg nehmen Sie eine Sache mit.

Versuchen Sie, daran zu denken, dass jedes Mal, wenn Sie von einem Ort zum nächsten gehen, Sie, sofern vorhanden, eine Sache mitnehmen und wegräumen. Zum Beispiel, wenn Sie gerade vom Sofa aus in die Küche gehen möchten, können Sie gut den Teller, der noch auf dem Couchtisch steht, sofort mitnehmen und in den Geschirrspüler stellen. Diese beiden Tricks sind kleine, schnelle und einfache Dinge, die aber Großes bewirken können, wenn man sie regelmäßig tut. Dadurch gibt es keine Ausreden mehr, kleine Sachen herumstehen zu lassen.

Aber auch ein Putzplan kann Ihnen sehr gut helfen, Ihren Haushalt gut zu organisieren. Schreiben Sie sich zunächst die Dinge auf, die Sie regelmäßig erledigen müssen, wie zum Beispiel Wäsche waschen, staubsaugen oder das Bad putzen. Schreiben Sie sich die Häufigkeit der einzelnen Tätigkeiten dazu. Anschließend können Sie danach planen. Legen Sie sich feste Tage und Zeiten fest, an denen Sie einzelne oder mehrere dieser Tätigkeiten abarbeiten werden – und halten Sie sich auch daran. Allein dadurch fallen Ihnen viele Sachen einfacher. Sie haben einen Plan, den Sie einhalten.

Eine andere Möglichkeit oder Idee, Organisation in Ihren Haushalt zu bekommen, ist, jedes Mal, wenn Sie aufräumen, so aufzuräumen, als würden Sie Besuch bekommen. Wenn Sie Ihre eigene Psyche so austricksen, dass Sie selbst denken, dass gleich jemand sehr Penibles zu Besuch kommt und sich alles im Haus ansieht, putzen Sie direkt intensiver. Sie müssen es sich selbst lediglich gut verkaufen, indem Sie sich zum Beispiel mehrmals täglich sagen, dass Sie für den Besuch aufräumen werden. Natürlich sollen Sie sich selbst keinen Druck oder Stress machen, dies ist definitiv nicht das Ziel, aber Sie können es sich selbst sagen, ohne Druck. Wenn Ihnen anfangs das ganze Haus zu viel ist, können Sie auch mit einem Raum beginnen und sich selbst sagen, dass der penible Besuch lediglich diesen Raum sieht und begutachtet.

Aber auch abgesehen von der Besuchsstrategie gibt es einen einfachen Weg, effizienter und besser für Organisation und Ordnung zu sorgen. So können Sie sich ein eigenes Zeitlimit setzen, in welchem Sie aufräumen. Das Ziel ist es, so viel wie möglich richtig aufzuräumen (und nicht einfach nur wegzupacken), in einer möglichst geringen Zeitspanne. Hierfür eignen sich 15 Minuten gut.

Das ist nämlich eine gleichzeitig kurze und ausreichende Zeitspanne, die Sie auch einmal schnell zwischendurch erledigen können.

Wenn Sie Kinder oder einen Partner haben, können Sie auch mit denen diese Aktion als eine Art Wettkampf ausüben – die Person, die am meisten richtig in der vorgegebenen Zeitspanne aufgeräumt hat, gewinnt und erhält eine kleine Belohnung. Wichtig ist aber, dass Sie die Unordnung nicht einfach nur an einen anderen Ort verlagern, indem Sie zum Beispiel den Stapel an Briefen in einen anderen Raum tragen, sondern es muss alles gut sortiert und an den richtigen Platz eingeräumt oder aber auch aussortiert werden. Gerade wenn man diese Challenge mit der Familie macht, macht das den meisten Leuten mehr Spaß, als wenn Sie stumpf allein für Ordnung und Organisation sorgen. Des Weiteren haben Sie somit erfolgreich das Aufräumen in eine Art Spiel verwandelt – es macht deutlich mehr Spaß.

Aber auch allein kann Aufräumen wenigstens ein wenig Spaß machen, zum Beispiel mit Musik. Bei der richtigen Musik haben Sie sicher automatisch bessere Laune, oder? Kombinieren Sie dies mit dem Aufräumen, kann dies die Laune anheben. Anstelle von Musik versuchen Sie es doch einmal mit einer Belohnung nach dem Aufräumen, wie zum Beispiel einem schönen Essen, einer Massage-Behandlung oder etwas anderem. Belohnungen funktionieren nämlich sehr gut, um Arbeit effizienter zu gestalten, zum Beispiel in Form Ihres Gehalts, dass Sie auf der Arbeit verdienen. So können Sie dies auf das Aufräumen übertragen und sind direkt motivierter bei der Sache.

Oftmals kann auch ein sogenanntes Zeit-Audit helfen. Ein Audit ist ein Ablauf, bei dem geprüft wird, ob Richtlinien oder Prozesse in einem Unternehmen oder bei der Arbeit richtig ablaufen und ob geforderte Standards genau den Richtlinien entsprechen oder nicht. Auf Ihre Organisation bezogen heißt dies, dass Sie selbst gucken und analysieren, wie Sie Ihre Zeit bestmöglich einsetzen und auch einteilen können und dies anschließend umsetzen. Des Weiteren können Sie herausfiltern, wie Sie bestimmte Abläufe perfektionieren können oder auch, welche Reihenfolge, Hilfsmittel etc. bei der Ausübung der von Ihnen gemachten Tätigkeiten am sinnvollsten sein wird.

Ihre Zeit ist nämlich das mit Abstand wertvollste Gut, das Sie überhaupt besitzen können.

Daher können Sie die durch das Audit und die Umsetzung dessen freigelegte Zeit sehr viel besser und wertvoller verbringen als mit Aufräumen und Organisieren. Um mit dem Audit zu beginnen, setzen Sie sich am besten mit einem Kalender, verschiedenen Stiften und Markern und einem Block an einen Tisch. Nehmen Sie sich eine ruhige Minute und reflektieren Sie, am besten nach einem erfolgreichen Tag bezüglich des Putzens, Ihre Handlungen. Was haben Sie gemacht und geschafft? Wie viel haben Sie beseitigt? Wie weit hat es Sie gebracht? Welche Hilfsmittel haben Sie genutzt? Welche Probleme und Kritik haben Sie vor, während und nach der Aktion entdeckt? Was können Sie verbessern? Welche Abläufe können Sie anders gestalten, um effizienter zu werden? Es kann auch helfen, wenn Sie sich vor dem Aufräumen ein Ziel setzen, in welcher Zeitspanne Sie wie viel schaffen möchten.

Haben Sie diese Fragen und alles andere, was Ihnen dazu einfällt, aufgeschrieben, kann es weitergehen. Nun schreiben Sie auf, wie viel Zeit Sie pro Aufgabe und insgesamt gebraucht haben. Dies dient Ihnen zum späteren Vergleich, wenn Sie nach dem Audit das nächste Mal aufräumen. So können Sie nämlich sehen, wie viel Zeit Sie durch Ihr Audit eingespart haben, die Sie jetzt schöner genießen können. Anschließend nehmen Sie sich einen neuen Zettel und schreiben einen genauen Plan auf, denn Planung ist vermeintlich alles. Und dieser Spruch stimmt auch, denn mit der richtigen Planung haben Sie zunächst nicht das Problem, dass Sie eine neue Aufgabe erst suchen müssen oder sich fragen, was Sie in logischer Reihenfolge als Nächstes machen sollten.

Daher ist ein solcher Plan, an den Sie sich dann auch halten, sehr sinnvoll und erspart Ihnen sehr viel Arbeit, Zeit und Sie müssen nicht mehr viel nachdenken, sondern können einfach von Ihrem Plan ablesen und die Aufgaben erledigen. Wie genau Ihr Plan am Ende aussieht, beziehungsweise was Sie als Erstes tun und was als Letztes, ist am Ende Ihre eigene Entscheidung. Ich biete Ihnen hier lediglich einen Vorschlag an. Planen Sie einfach so, wie es am besten in Ihren Ablauf passt. Des Weiteren werde ich hier verschiedene Beispiele in verschiedenen Räumen nennen – anfangs ist es oft einfacher, wenn Sie das gesamte Prozedere erst in einem Raum machen.

Beginnen Sie am besten mit groben Dingen. Hierzu zählen zum Beispiel: Geschirr in den Geschirrspüler oder wegräumen, groben Müll, wie zum Beispiel Chips-Tüten oder Pappkartons, in den Mülleimer werfen, getragene Kleidung in die Waschmaschine packen und diese anschalten (oder zumindest die Wäsche bereits in den Waschraum legen und dort sortieren) oder Flaschen zurückstellen. So haben Sie die groben, sperrigen Dinge, die viel Platz, welchen Sie benötigen, wegnehmen, schon einmal entfernt und nachhaltig weggeräumt. Diesen Teil können Sie innerlich (oder auch auf der Liste) abhaken.

Der nächste Schritt ist, alles, was nicht in einen bestimmten Raum gehört, in den dafür vorgesehenen Raum auf den vorgesehenen Platz zu stellen. So räumen Sie zum Beispiel den Tacker aus dem Schlafzimmer in das Büro, die Schuhe aus dem Wohnzimmer in das Schuhregal oder diverse Liebesromane aus der Küche in das Bücherregal. So können Sie sich auf den Raum, in dem Sie gerade aufräumen möchten, konzentrieren und müssen nicht die gesamte Zeit zwischen den Räumen herumlaufen, weil Sie wieder etwas aus einem anderen Raum gefunden haben, das Sie dorthin bringen müssen. Falls Sie nach dieser Aktion des Herumräumens im Verlauf doch noch Sachen aus anderen Räumen finden, tun Sie diese in eine Kiste. Mit dieser Kiste gehen Sie am Ende, wenn Sie den Raum fertig haben, durch die Zimmer und tun die Dinge erst dann an ihre eigentlichen Plätze.

Nachdem Sie nun die Sachen aus den anderen Räumen und die groben Dinge, wie zum Beispiel Müll, aus dem eigentlichen Zimmer entfernt haben, können Sie sich diesem nun voll und ganz widmen. Bewaffnen Sie sich mit Müllbeuteln, zwei Kisten oder Wäschekörben und eventuell einer Taschenlampe und suchen Sie nun nach kleinerem Müll im Zimmer, wie zum Beispiel Taschentüchern oder Papierschnipseln und werfen Sie diese weg.

Beginnen Sie nun mit einer Ecke des Raumes. Dort sortieren Sie erst einmal grob, welche Dinge dortbleiben sollen und welche an einen anderen Standort im Zimmer wandern werden. Dinge, bei denen Sie sofort wissen, dass Sie sie nicht mehr benötigen, wandern in einen der beiden Wäschekörbe (davon ausgenommen ist offensichtlicher Müll. Dieser kommt sofort in den Müllsack).

Wenn Sie sich bei anderen Dingen unsicher sind, ob Sie diese noch behalten möchten oder nicht, tun Sie diese Sachen in den zweiten Wäschekorb. Nach diesem Prozedere gehen Sie nun durch das gesamte Zimmer. Hierbei ist zu beachten, dass Sie nicht, wie es oft passiert, an manchen Gegenständen hängen bleiben und diese viel zu lange begutachten oder benutzen, weil Sie in Erinnerungen schwelgen. Bleiben Sie konstant bei der Arbeit. Am Ende sollten Sie ein Zimmer haben, in welchem die Dinge einigermaßen am richtigen Platz sind. Bevor Sie die Dinge nun einräumen, ist es sinnvoll, zunächst überall Staub zu wischen beziehungsweise Ihre Möbel und Teppiche zu säubern.

Nehmen Sie alle Mittel, mit denen Sie putzen wollen – Tuch zum Trocken- und Nasswischen, Staubwedel, besondere Putzmittel, Wasser etc. Lassen Sie den Boden und die Fenster noch außen vor. Die Dinge, die Sie zuvor an ihren ungefähren Platz gebracht haben, können Sie nun hinstellen oder einräumen, wie Sie es möchten und wie es am Ende des Ganzen in dem Zimmer stehen soll. Anschließend widmen Sie sich dem Wäschekorb, in dem sich die Sachen befinden, bei denen Sie sich unsicher waren, ob diese wegkönnen oder bleiben sollen. Schauen Sie sich die Dinge an und fragen Sie sich selbst: Brauche oder möchte ich das wirklich haben oder darf sich jemand anderes darüber freuen? Demnach tun Sie die Dinge entweder in den Wäschekorb mit den Sachen, die Sie nicht mehr benötigen oder möchten oder an den Platz in dem Zimmer, wo es stehen soll.

Nun sieht das Zimmer schon ziemlich sauber aus. Ein paar Handgriffe fehlen allerdings noch. Nun sind die Fenster und der Boden dran. Putzen Sie diese einmal sauber mit Glasreiniger, Tüchern, Besen und Staubsauger. Falls Sie nun noch etwas entdecken, dass Ihnen missfällt, bereinigen Sie dies. Damit ist das Zimmer nun fertig. Den Müll können Sie entsorgen und Sachen, die noch intakt sind, können Sie gern spenden oder verkaufen.

Nach so einem Plan gehen Sie nun in jedem Zimmer vor. Gehen Sie dabei in Ihrem persönlichen Tempo vor und machen Sie, wenn nötig, auch gern Pausen, um den Kopf freizubekommen und effektiv weiterzuarbeiten. Sind Sie fertig, können Sie sich selbst auf die Schulter klopfen – Sie haben das Chaos beseitigt. Darauf können Sie sehr stolz sein, denn nicht jeder schafft dies.

Als letzten Schritt setzen Sie sich noch einmal an einen Tisch. Hier schreiben Sie auf, was Sie wie und in welcher Reihenfolge getan haben. Überdenken Sie eventuell noch einmal Ihren vorherigen Plan und schreiben diesen ein wenig um. Ähnlich haben Sie es auch schon in Ihrem Audit getan, jetzt haben Sie allerdings praktische Erfahrung sammeln können. Praktische Erfahrung ist in fast allen Fällen sehr hilfreich, vor allem, wenn Sie sich Pläne schreiben, nach denen Sie arbeiten.

Es kann auch für spätere Aktionen hilfreich sein, wenn Sie aufschreiben, wie Ihr Zeitplan, den Sie sich gesetzt haben, mit Ihren Zielen korrespondiert hat. Haben Sie Ihre Ziele in der von Ihnen erdachten Zeit geschafft? Gab es Probleme bei der Erreichung der Ziele? Was hat gestört? Was können Sie bezüglich des Gleichgewichts zwischen Zeit und Ziel verbessern? Selbst wenn Sie nach der Arbeit geschafft sind, lohnt es sich, sich direkt an den Tisch zu setzen und das After-Work-Audit aufzuschreiben. Kurz nach vollzogener Arbeit können Sie sich am besten an das erinnern, was Sie getan haben. Besonders kleine, aber wichtige Details sind bei solch einem Audit von Bedeutung. An diese werden Sie sich nur sehr wahrscheinlich nach ein paar Stunden nicht mehr erinnern. Eine Sache, die Sie allerdings individuell anpassen müssen, sind Pausen. Pausen sind wichtig, aber nicht essenziell. Je nach Typ können Sie entweder ohne Pause super arbeiten oder Sie brauchen nach gewisser Zeit eine Pause, in der Sie verschnaufen können.

Hierfür können Sie sich einen Wecker stellen, der nach einer gewissen Zeit läutet. Wenn er läutet, sollten Sie aber direkt weitermachen, denn sonst werden Sie immer länger Pause machen wollen und das ist schließlich nicht das Ziel. Also merken Sie sich am besten: Pausen sind wichtig und dürfen sehr gern eingeplant werden, allerdings dürfen Sie nicht ins Unermessliche gezogen werden. Sie müssen sich daran halten.

Was Ihnen anschließend helfen kann, Ihre getane Arbeit zu würdigen und sich selbst bewusst zu werden, was für eine große Aufgabe Sie gemeistert haben, ist ein Lob-Protokoll. Hierbei lassen Sie das Geschehene Revue passieren. Sie schreiben alles auf, wofür Sie sich loben möchten, was Sie besonders gut gemacht haben (hierbei ist es egal, ob dies physisch passiert ist oder psychisch) oder auch, was Sie genau auf diese Art und

Weise das nächste Mal genauso machen möchten. Dabei sind keine Grenzen gesetzt – belohnen Sie sich durch dieses Protokoll einmal so richtig, Sie haben es sich verdient. Des Weiteren können Sie sich nun, nach getaner Arbeit, eine Belohnung gönnen. Haben Sie schon etwas im Kopf, was Sie nun richtig toll finden würden? Falls ja, machen Sie dies. Sie haben heute sehr gute Arbeit geleistet.

Aber auch eine To-do-Liste kann sehr hilfreich sein und Sie beim Erreichen Ihrer Ziele unterstützen. Dies ist sicher der Klassiker unter den bereits von mir genannten Punkten, aber genau deshalb ist er auch sehr praktisch. In einer To-do-Liste schreiben Sie, meist stichpunktartig und in unvollständigen Sätzen, Aufgaben und Dinge auf, die Sie in einem gewissen Zeitraum erledigen müssen und nicht vergessen dürfen.

Es mag auf den ersten Blick dem Audit ähneln, allerdings gibt es zwischen diesen beiden Methoden dennoch Unterschiede. So beinhaltet ein Audit in den meisten Fällen eine Vorbereitung, einen Mittelteil und eine Nachbereitung für eine Aufgabe. In der Vorbereitung wird die bevorstehende Arbeit zunächst theoretisch analysiert und vorbereitet. Im Mittelteil macht man sich oft Notizen oder Bemerkungen zu der Arbeit und den Sicherheitsbedingungen vor Ort. In der Nachbereitung wird der eigentliche Bericht geschrieben und ein allgemeingültiges Fazit erhoben. Bei einer To-do-Liste hingegen gibt es nur einen Teil. Dieser wird vor den Arbeiten geschrieben und beinhaltet mehrere, ganz unterschiedliche Aufgaben. Alles, was gemacht werden muss, wird hierbei aufgeschrieben. Des Weiteren wird hier nicht näher auf die einzelnen Aufgaben eingegangen, wie es beim Audit der Fall ist, sondern es werden nur Überschriften der Aufgaben mit maximal ein paar kleinen Stichpunkten niedergeschrieben.

Ein Audit dient demnach eher einem Protokoll einer bereits getanen Aufgabe, wohingegen eine To-do-Liste nur grob verschiedene Themen anreißt, die man nicht vergessen darf. Sie sehen also, dass sich diese beiden Methoden ziemlich unterscheiden. In Ihrer To-do-Liste schreiben Sie alle Aufgaben stichpunktartig und in der richtigen Reihenfolge auf, die Sie beim Organisieren und Aufräumen machen möchten und müssen. Hierbei sollten Sie sich bei jedem neuen Punkt fragen, inwieweit dieser Punkt Ihnen hilft, Ihr Ziel zu erreichen. Schreiben Sie keine unnötigen Punkte auf, sondern konzentrieren Sie sich auf wichtige Dinge, die Sie erledigen müssen. Sachen, die für Sie selbstverständlich sind, brauchen Sie nicht aufzuschreiben. Eine To-do-Liste ist lediglich eine grobe Hilfe, an der Sie sich entlang hangeln können. Für nähere Informationen können Sie ein kleines Audit oder einen extra Zettel nutzen, um weitere Gedanken und Unterpunkte zu einem bestimmten Thema niederzuschreiben. Haben Sie Ihre Liste geschrieben, können Sie diese schlussendlich Punkt für Punkt abhaken.

Aber vielleicht hilft Ihnen auch eine andere Idee, Ihr Chaos erst einmal zu ordnen: Schreiben Sie sich eine Liste mit Dingen, mit denen Sie aufhören oder beginnen möchten. Damit können Sie sowohl Erfolge festhalten und Ihre Fortschritte sehen als auch Niederlagen und Rückschritte erkennen. Sowohl positive als auch negative Ereignisse sind dabei wichtig zu dokumentieren. Beides hilft Ihnen nämlich, sich stetig zu verbessern und motiviert zu bleiben. So können Sie sich zum Beispiel das Ziel setzen, mit dem spontanen Kaufen von Dingen aufzuhören oder mit einem täglichen Rundgang durch das Haus auf der Suche nach offensichtlichen kleinen Unordentlichkeiten zu beginnen. Dafür müssen Sie sich natürlich erst einmal verschiedene Tipps und Tricks durchlesen und Ihre eigenen Fehler und Verhaltensweisen analysieren, aber es kann sich lohnen. Durch eine strukturierte Liste werden Sie aber auch selbst strukturierter und können Ihre Ziele besser erreichen und langfristig halten.

Sie haben sich nun verschiedene Methoden, wie Sie Ihren Haushalt besser organisieren können, durchgelesen. Vieles klingt sehr viel schwerer und nervenaufreibender, als es eigentlich ist. Dennoch braucht so gut wie jeder Mensch früher oder später auch einmal Hilfe. Dies kann natürlich in Form von Familie und Freunden geschehen, die Ihnen unter die Arme greifen. Sei es denn, dass sie Ihnen beim Aufräumen helfen oder andere Tätigkeiten, wie zum Beispiel das Kochen, Einkaufen oder auch anderes übernehmen. Wenn Sie Kinder haben, können Sie auch diese Haushaltsaufgaben erledigen lassen.

Eventuell geben Sie ihnen dafür auch ein wenig Taschengeld. Dies kann Ihnen schon eine große Hilfe sein. Dennoch kann das Organisieren und Aufräumen sehr zeitaufwendig sein, denn am Ende werden Ihnen dadurch nur wenige Bereiche abgenommen. Aber auch dabei gibt es Hilfen, die einem das Ganze erleichtern können. Zunächst gibt es die Möglichkeit, jemanden einzustellen, der oder die für Sie putzt. Dies ist an sich eine sehr gute Idee, denn Sie selbst haben dadurch sehr viel mehr Zeit für die schönen Dinge im Leben. Allerdings kann sich das nicht jeder auf Dauer leisten. Eine Reinigungskraft einzustellen, bedeutet nämlich, dass Sie sie fast jede Woche über mehrere Jahre unbefristet beschäftigen müssen – wenn Sie denn die Unordnung nicht selbst beseitigen möchten, es aber dennoch organisiert und sauber im Haus haben möchten.

Eine andere Idee ist ein Staubsaugroboter. Dieser kostet einmalig eine bestimmte Summe und funktioniert dann, im besten Fall, sehr viele Jahre. Das heißt, dass das Staubsaugen für Sie schon einmal wegfällt und Sie sich damit nicht mehr beschäftigen müssen. Falls Sie einen Garten haben, können Sie für diesen auch einen Mäh-Roboter holen, der eigenständig für Sie den Rasen mäht. Am Ende entscheiden natürlich Sie, ob Sie eine oder vielleicht sogar mehrere dieser Möglichkeiten für sich in Betracht ziehen möchten oder nicht.

Fazit dieses Beitrages

In diesem Ratgeber habe ich Ihnen sehr viel über die Organisation des Haushaltes erzählt. Von den Gründen und Ursprüngen der Unordnung über psychische Probleme bei anhaltender Unordnung bis hin zu Tipps, Tricks und Kniffen, wie Sie Ihren Haushalt nachhaltig in den Griff bekommen. Ich hoffe, dass Sie aus diesem Ratgeber die ein oder andere Sache als hilfreich und wissenswert empfinden und auch etwas davon anwenden können und werden. Am Ende entscheiden nämlich Sie, welche Methoden für Sie am besten und am praktikabelsten sind. Jeder Mensch, jeder Haushalt und jedes Gehirn ist und denkt anders. Daher können für den einen To-do-Listen sehr hilfreich sein, eine andere Person kommt aber eher mit einem 15-Minuten-Plan klar.

Machen Sie sich Gedanken und probieren vielleicht alles einmal aus, um den für Sie besten Weg für ein lang anhaltendes, organisiertes Zuhause zu finden. Finden Sie Ihre innere Ruhe und arbeiten Sie auch an Ihrer Psyche. Meditation, Yoga oder etwas anderes helfen in jeder Lage und sorgen für Harmonie und ein Gleichgewicht zwischen Körper, Geist und Seele. Auch abseits von der Organisation im Haushalt ist dies unerlässlich für anhaltende Gesundheit. Probieren Sie es aus und seien Sie erfinderisch – Kreativität fördert Ihren Geist. Und genauso achten Sie unbedingt nicht nur auf Ihre Psyche und Ihren Körper, sondern auch auf die Ursprünge Ihrer Unordnung. Diese sollten Sie umgehend in Ihrem Leben reduzieren, wenn nicht sogar daraus verbannen.

Herstellung und Verlag:

BoD – Books on Demand, Norderstedt

ISBN: 9783756217274

1. Auflage

Kontakt: Psiana eCom UG/ Berumer Str. 44/ 26844 Jemgum

Covergestaltung: Fenna Larsson

Coverfoto: depositphotos.com